AF284412

Impressum
Verlag: BABADADA GmbH, Nedderfeld 112 , 22529 Hamburg
Geschäftsführer / Verlagsleitung: Harald Hof
Druck: Books on Demand GmbH, In de Tarpen 42, 22848 Norderstedt

Imprint
Publisher: BABADADA GmbH, Nedderfeld 112 , 22529 Hamburg, Germany
Managing Director / Publishing direction: Harald Hof
Print: Books on Demand GmbH, In de Tarpen 42, 22848 Norderstedt

اسکول

教室
کلاس روم
除
186/2
黑板
老師
استاد
紙
کاغذ
書寫
筆
پین
辦公桌
میز
直尺
書
کتاب

書包

بستو

鉛筆盒

پینسل باکس

鉛筆

پینسل

削鉛筆機

پینسل شارپنر

橡皮擦

ربړ

畫板

درائنگ پیډ

2

圖畫

ڊرائنگ

畫筆

پينٽ برش

顏料盒

پينٽ باڪس

剪刀

قينچي

膠水

ڪئونر

練習冊

مشق ڪرڻ واري ڪاپي

家庭作業

هوم ورڪ

數字

عدد

加

جوڙ ڪرڻ

減

ڪٽ ڪرڻ

乘

ضرب ڪرڻ

計算

حساب ڪرڻ

字母

خط

字母表

الفابيٽ

字

لفظ

課文

مضمون

讀

پڙهڻ

粉筆

چاڪ

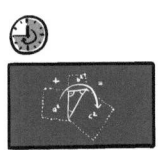

上課

سبق

登記

رجسٽر

考試

امتحان

證書

سرٽيفڪيٽ

校服

اسڪول يونيفارم

教育

تعليم

百科全書

انسائڪلوپيڊيا

大學

يونيورسٽي

顯微鏡

خوردبيني

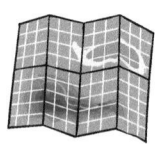

地圖

نقشو

廢紙簍

ردي جي ٽوڪري

飯店
هوتل

Grand

青年旅社
هاسٹل

外幣兌換處
رقم تبديل ڪرائڻ جي آفيس

手提箱
سوٽ ڪيس

汽車
ڪار

語言
ٻولي

是/否
ها يا نه

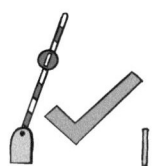

好的
صحيح آهي

您好
هيلو

翻譯人員
مترجم

謝謝
مهرباني

......多少錢？

هن جي قيمت گهڻي آهي.....؟

我不明白

مون کي سمجه ۾ نٿو اچي

問題

مسئلو

晚上好！

گڊ ايوننگ

早上好！

صبح بخير

晚安！

شب خير

再見

الوداع

方向

طرف

行李

سفري سامان

包

بيگ

背包

پويان ٻڌڻ وارو بيگ

客人

مهمان

房間

ڪمرو

睡袋

بستر وارو بيگ

帳篷

خيمو

旅行資訊

سیاحت بابت معلومات

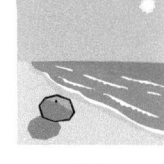

海灘

سمنډ کنارو

信用卡

کریډټ کارډ

早餐

ناشتو

午餐

لنچ

晚餐

ډنر

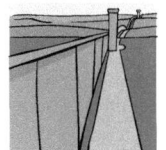

票

ټکټ

電梯

لفټ

郵票

مهر

邊界

سرحد

海關

ګاهک

大使館

سفارتخانو

簽證

ویزا

護照

پاسپورټ

飛機
هوائي جهاز

船
سمندري جهاز

消防車
باه واسائڻ واري گاڏي

公車
بس

卡車
ٹرک

汽艇
موٽر بوٽ

汽車
ڪار

腳踏車
سائيڪل

渡輪
فيري

小船
بيڙي

機車
موٽر سائيڪل

警車
پوليس ڪار

賽車
ريسنگ ڪار

租車
رينٹل ڪار

拼車

چشئيرنگ ڪار

拖車

ڇڪڻ وارو ٽرڪ

垃圾車

ڪچري واري ٽرڪ

馬達

ڪار

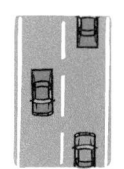

汽油

فيول

加油站

پيٽرول اسٽيشن

交通標識

ٽريفڪ جا نشان

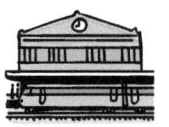

交通

ٽريفڪ

交通堵塞

ٽريفڪ جام

停車場

ڪار پارڪ

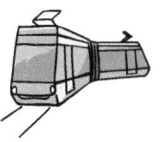

火車站

ٽرين اسٽيشن

軌道

پٽڙيون

火車

ٽرين

路面電車

ٽرام

客車廂

ويگن

直升機

هيليڪاپٽر

機場

ايئرپورٽ

塔

ٽاور

乘客

مسافر

集裝箱

ڪنٽينر

紙板箱

دٻو

手推車

ريڙهي

籃子

ٽوڪري

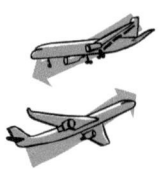

起飛/降落

اڏرڻ / زمين تي لهڻ

شهر

村莊

ڳوٺ

市中心

شهر جو مرڪز

房子

گهر

電影院
سينيما
廣告
اشتهار نامو
路燈
街道
計程車
小吃店
اسنيڪ شاپ
行人
پيدل هلڻ وارن لاءِ رستو
人行道
پڪو رستو
斑馬線
زيبرا ڪراسنگ
垃圾箱
بن
十字路口
ڪراسنگ
紅綠燈

小屋

جهوپڙي

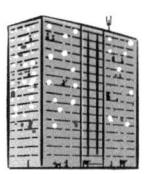

公寓

فليٽ

火車站

ٽرين اسٽيشن

市政廳

ٽائون هال

博物館

عجائب گهر

學校

اسڪول

大學

يونيورسٽي

銀行

بينڪ

醫院

اسپتال

飯店

هوٽل

藥房

فارميسي

辦公室

آفس

書店

ڪتابن جي ڪتاب

商店

دڪان

花店

گلن جي دڪان

超市

سپر مارڪيٽ

市場

مارڪيٽ

百貨商店

ڊپارٽمينٽ اسٽور

魚店

مڇي جي دڪان

購物中心

شاپنگ سينٽر

海港

بندرگاهہ

公園

پارک

長凳

بینچ

橋

پل

樓梯

ڈاکڑ

捷運

زیز زمین میٹرو

隧道

سرنگ

公車站

بس اسٹاپ

酒吧

شراب خانو

餐館

روسٹورینٹ

郵筒

پوسٹ باکس

路標

اسٹریٹ سائن

停車計時器

پارکنگ میٹر

動物園

چڑیا گھر

游泳池

سوئمنگ پول

清真寺

مسجد

農場	污染	墓地
فارم	آلودگي	قبرستان

教堂	操場	寺廟
چرچ	راند جو ميدان	مندر

زميني منظر

樹葉
پتو

指示牌
سائن بورڊ

路
رستو

草地
ساوڪ واري زمين

石頭
پتو

徒步旅行者
پيادل هلڻ وارو هائيڪر

河
دريا

草
چر

花
گل

峽谷

وادي

丘陵

جبل

湖

ڍنڍ

森林

گل

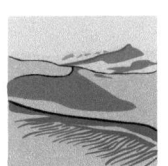

沙漠

ريگستان

火山

آتش فشان

城堡

قلعو

彩虹

اندلٺ

蘑菇

ڪنيي

棕櫚樹

کھجي جو وڻ

蚊子

مڇر

蒼蠅

مک

螞蟻

ڪيولي

蜜蜂

ماکي جي مک

蜘蛛

مکڙي

甲蟲

ٿنڊڻ

青蛙

ڏيڏر

松鼠

نوريئڙو

刺蝟

ڇاهو

野兔

خرگوش

貓頭鷹

چبرو

鳥

پکي

天鵝

بدڪ

野豬

سوئر

鹿

هرڻ

麋鹿

آمريڪي هرڻ جو قسم

水壩

ڊيم

風力發電機

هوا سان هلڻ وارو ٽربائين

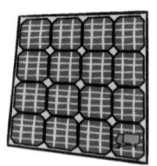

太陽能電池板

سولر پينل

氣候

آب و هوا

服務生
ويٽر
菜譜
ڪاڌي جي فهرست
椅子
湯
سوپ
披薩餅
پيزا
餐具
桌布
ٽيبل جو ڪپڙو

前菜

اسٽارٽر

主菜

مين ڪورس

甜點

ڪاڌي کانپوءِ کائڻ وارو مٺو

飲料

مشروب

食物

خوراڪ

瓶子

بوتل

速食

فاسٽ فوڊ

街邊小吃

اسٽريٽ فوڊ

茶壺

ڪٽلي

糖盒

شگر باؤل

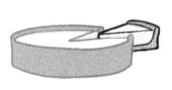

一份飯菜

ٽڪڙو

義式咖啡機

ايسپريسو مشين

高腳椅

اونچي ڪرسي

帳單

بل

托盤

ٽري

刀

ڇهري

餐叉

ڪانٽو

勺子

چمچ

茶匙

چانهن جو چمچو

餐巾

سرويٽي

玻璃杯

گلاس

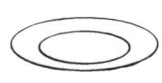

碟子

پليٽ

湯盤

سوپ پليٽ

碟子

ساسر

醬

چٽني

鹽瓶

لوڻ داني

胡椒研磨罐

مرچ پيسڻ وارو

醋

سرڪو

食用油

کاڌو پچائڻ وارو تيل

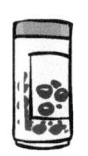

調味料

مصالحو

番茄醬

ڪيچ اپ

芥末

سرنهن

美乃滋

مايونيز

سپر مارڪيٽ

特價
خصوصي آفر
FOR
顧客
خريدار
乳製品
水果
購物車

肉鋪

گوشت جي دڪان

麵包店

بيڪري

稱重

وزن ڪرڻ

蔬菜

سبزيون

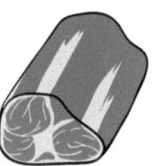

肉

گوشت

冷凍食品

ڄميل کاڌو

冷盤

سرد گوشت

罐頭食品

ڊبي ۾ بند کاڌو

洗衣粉

واشنگ پاؤڊر

甜食

مٺائي

日用品

گهريلو سامان

清潔用品

صفائي ڪرڻ وارا پراڊڪٽس

銷售員

سيلز پرسن

收銀機

ڪيش رجسٽر

收銀員

خزانچي

購物清單

خريداري جي فهرست

開放時間

اوقات ڪار

錢包

پرس

信用卡

ڪريڊٽ ڪارڊ

袋子

بيگ

塑膠袋

پلاسٽڪ بيگ

水

پاڻي

果汁

جوس

牛奶

کير

可樂

ڪوڪ

紅酒

وائن

啤酒

بيئر

酒

الڪوهل

可可

ڪوڪو

茶

چائي

咖啡

ڪافي

義式濃縮咖啡

ايسپريسو

卡布奇諾

ڪيپيوچينو

香蕉

کیلو

蘋果

صوف

柳丁

مالټو

西瓜

خربوزو

檸檬

ليمون

胡蘿蔔

گجر

大蒜

ثوم

竹子

بانس

洋蔥

بصر

蘑菇

كنيي

堅果

اخروټ، بادام

麵條

نوبلز

義大利麵

اسپيگٽي

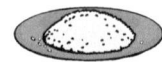

米飯

چانور

沙拉

سلاد

薯條

چپس

炸馬鈴薯

تريل پٽاٽا

披薩餅

پيزا

漢堡

هيم برگر

三明治

سينڊوچ

炸豬排

گوشت جو ٽڪرو

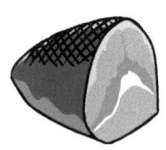

火腿

سور جي ران جو گوشت

義大利臘腸

خشڪ گوشت

香腸

ساسيج

雞肉

مرغي

烤肉

روسٽ

魚

مڇي

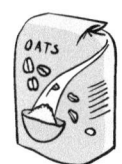

燕麥片

جوَ جو دليا

木斯里

ميوزلي

玉米片

ڪارن فليڪس

麵粉

اٽو

牛角麵包

ڪروئسنٽ

麵包捲

بريڊ رول

麵包

بريڊ

吐司

ٽوسٽ

餅乾

بسڪٽ

奶油

مکڻ

凝乳

ڏهي

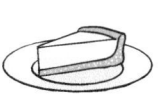

蛋糕

ڪيڪ

蛋

انڊا

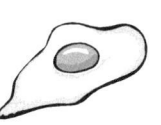

煎蛋

فرائي ٿيل انڊو

起司

پنير

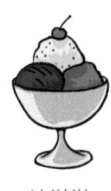

冰淇淋

آئس ڪريم

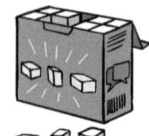

糖

کنڊ

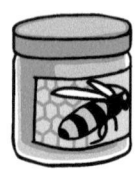

蜂蜜

ماکي

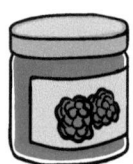

果醬

مربو

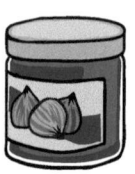

巧克力醬

چاڪليٽ اسپريڊ

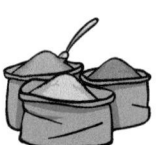

咖哩

ٻاڄي

農舍
فارم هائوس

糧倉
گدام

稻草捆
پلال جوگنڊ

田野
زمين

馬
گهوڙو

拖車
ٽريلر

馬駒
گهوڙي جو ٻچو

拖拉機
ٽريڪٽر

驢
گڏه

羔羊
رڍ جو ٻچو

羊
رڍ

山羊
ٻڪري

奶牛
ڳئون

小牛
ڦاڏو

豬
سؤر

小豬
سؤر جو ٻچو

公牛
ڏاڳو

鵝

هنس

鴨

بدڪ

小雞

چوزا

母雞

مرغي

公雞

مرغو

鼠

ڪوئو

貓

ٻلي

老鼠

ڪوئو

牛

ڏاند

狗

ڪتو

狗屋

ڪتي جو گهر

花園澆水軟管

گاربن هوز

澆水壺

پاڻي جو ڪين

長柄大鐮刀

ڏاٽو

犁

هر

鐮刀

ڏاٽو

鋤頭

رنبو

長柄草耙

ڏانداري

斧頭

ڪهاڙو

獨輪手推車

هٿ سان هلائڻ واري ريڙهي

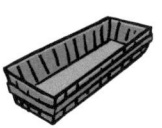

飼料槽

حوض

牛奶罐

کير جو ڏبو

麻布袋

ڳوڻ

柵欄

لوڙهو

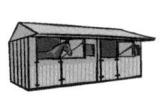

馬廄

اصطبل

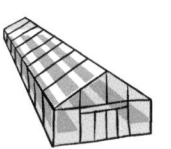

溫室

گرين هائوس

土壤

مٽي

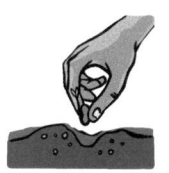

種子

ٻج

肥料

ڪهاد

聯合收割機

ڪمبائنڊ هارويسٽر

收割

فصل ڪٽڻ

收割

فصل ڪٽڻ

地瓜

هڪ قسم جي ترڪاري

小麥

ڪڻڪ

大豆

سويا

土豆

پٽاٽو

玉米

مڪائي

油菜籽

توري جو ٻج

果樹

ميون جو وڻ

樹薯

ڪساوا

穀物

اناج

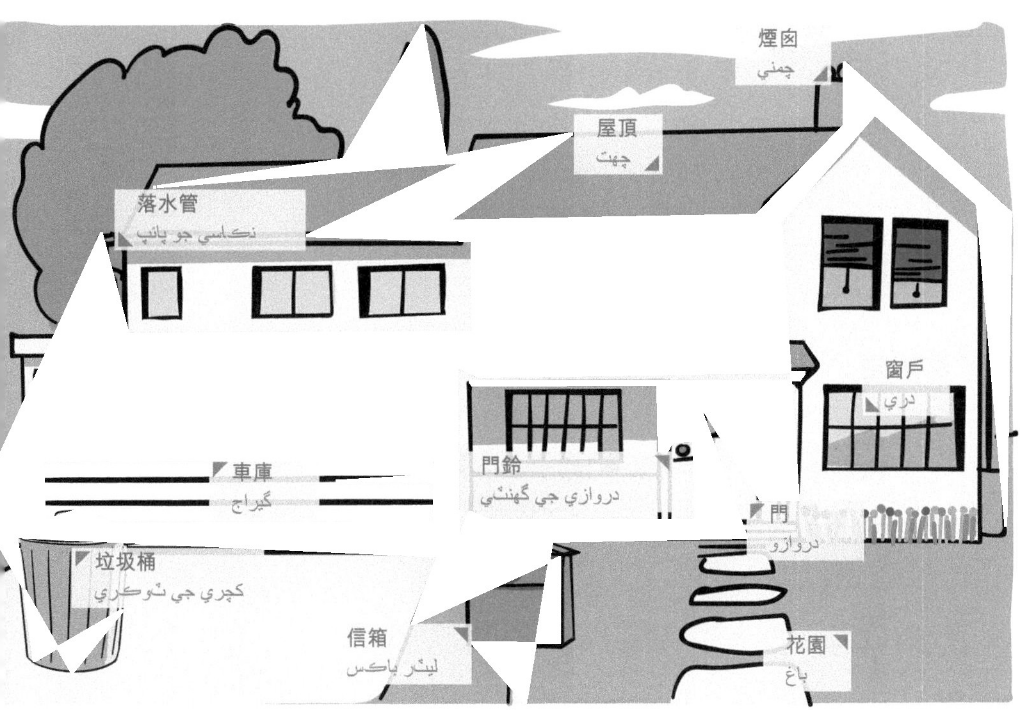

煙囪
چمني

屋頂
ڇت

落水管
نڪاسي جو پائپ

窗戶
دري

門鈴
دروازي جي گهنٽي

車庫
گيراج

門
دروازو

垃圾桶
ڪچري جي ٽوڪري

信箱
ليٽر باڪس

花園
باغ

客廳
لوونگ روم

浴室
غسل خانو

廚房
باورچي خانو

臥室
بيڊروم

兒童房
ٻارن جو ڪمرو

餐廳
ڊائننگ روم

房子 - گھر

31

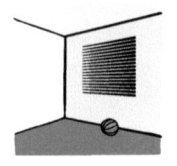

地板

فرش

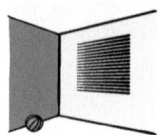

牆壁

ديوار

天花板

ڇت

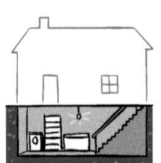

地窖

تهخانو

三溫暖

ٻاڦ وارو غسل

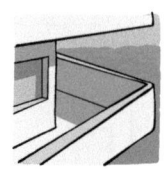

陽臺

بالڪوني

露臺

ٽيرس

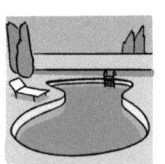

游泳池

تلاءُ

割草機

گاه ڪٽڻ واري مشين

被單

چادر

床罩

چادر

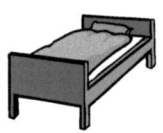

床

بيڊ

掃帚

جهاڙو

水桶

بالٽي

開關

سوئچ

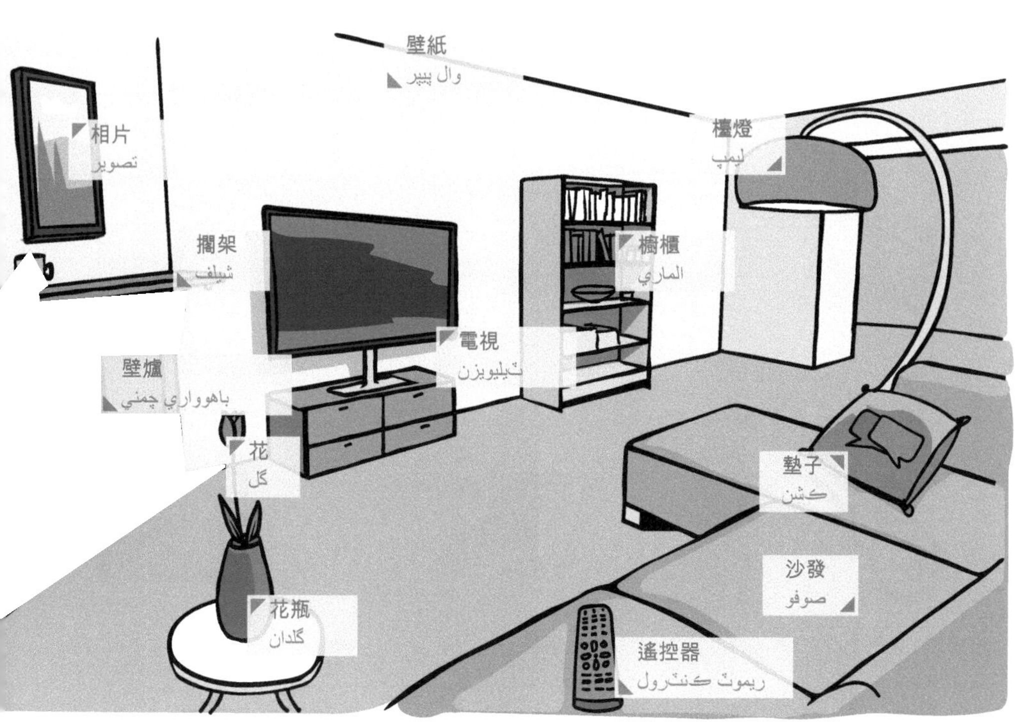

壁紙
وال پيپر

相片
تصوير

擱架
شيلف

檯燈
ليمپ

櫥櫃
الماري

電視
ٹيليويزن

壁爐
باهوواري چمني

花
گل

墊子
كشن

沙發
صوفو

花瓶
گلدان

遙控器
ريموٹ كنٹرول

地毯
قالين

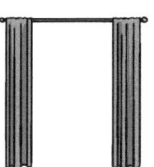

窗簾
پردو

餐桌
ميز

椅子
كرسي

搖椅
لڏڻ واري كرسي

扶手椅
آرام كرسي

書

ڪتاب

毯子

ڪمبل

裝飾品

آرائش

木柴

ٻارڻ واريون ڪاٺيون

電影

فلم

高傳真音響

هائي فائي

鑰匙

چاٻي

報紙

اخبار

油畫

پينٽنگ

海報

پوسٽر

收音機

ريڊيو

筆記本

نوٽ بڪ

吸塵器

ويڪيوم ڪلينر

仙人掌

ٿوهر جو ٻوٽو

蠟燭

ميڻ بتي

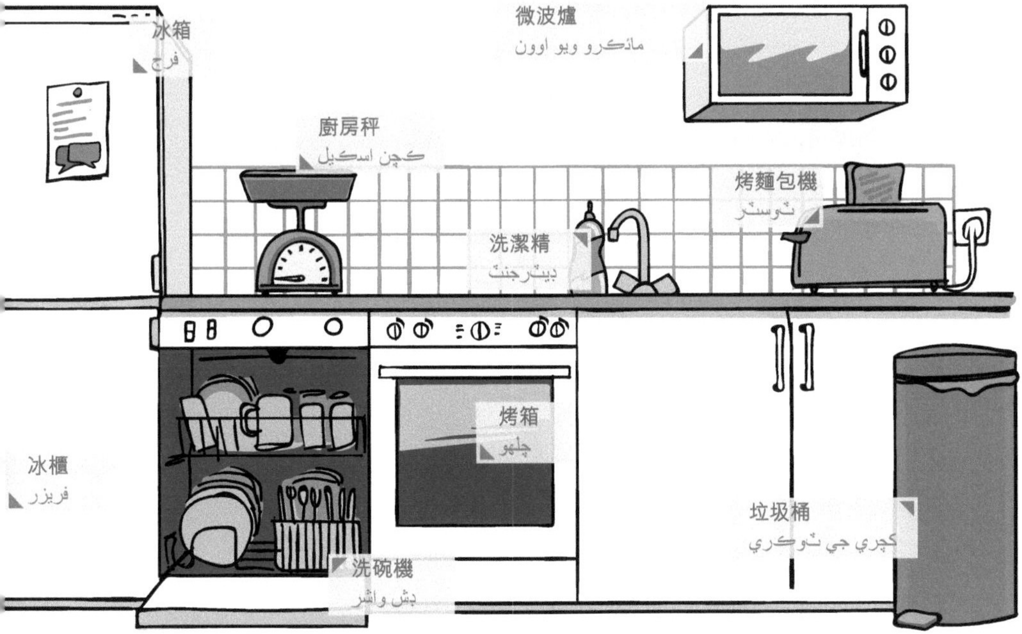

冰箱
فرج
微波爐
مائڪرو ويو اوون
廚房秤
烤麵包機
洗潔精
烤箱
چلهو
冰櫃
فريزر
垃圾桶
洗碗機
ڊش واشر

炊具
ڪُڪر

鍋
ٿانوَ

鑄鐵鍋
ڪاسٽ آئرن جا ٿانو

炒鍋
ڪڙهائي

平底鍋
ترڙ وارو ٿانو

水壺
ڪيٽلي

蒸鍋

استيمر

烤盤

بيکنګ ټري

陶瓷鍋

کراکري

馬克杯

مګ

碗

پيالو

筷子

چاپ اسټکس

長柄勺

ډوئي

鏟子

ټفټي

攪拌器

سبزي مکسر

濾網

چهاڼي

篩子

چهاڼي

磨碎機

کدو کش وارو اوزار

研缽

اکري

燒烤

بار بي کيو

明火

کليل باه

菜板

سبزي ڪٽڻ وارو بورڊ

擀麵杖

ويلڻ

開瓶器

ڪارڪ اسڪريو

罐子

ڪين

開罐器

ڪين اوپنر

隔熱手套

تانوَ پڪڙڻ وارو ڪپڙو

水槽

سنڪ

刷子

برش

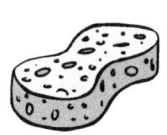

海綿

اسفنج

攪拌機

بليندر

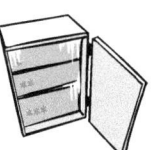

冷藏箱

ڊيپ فريزر

奶瓶

بار جي بوتل

水龍頭

نل

غسل خانو

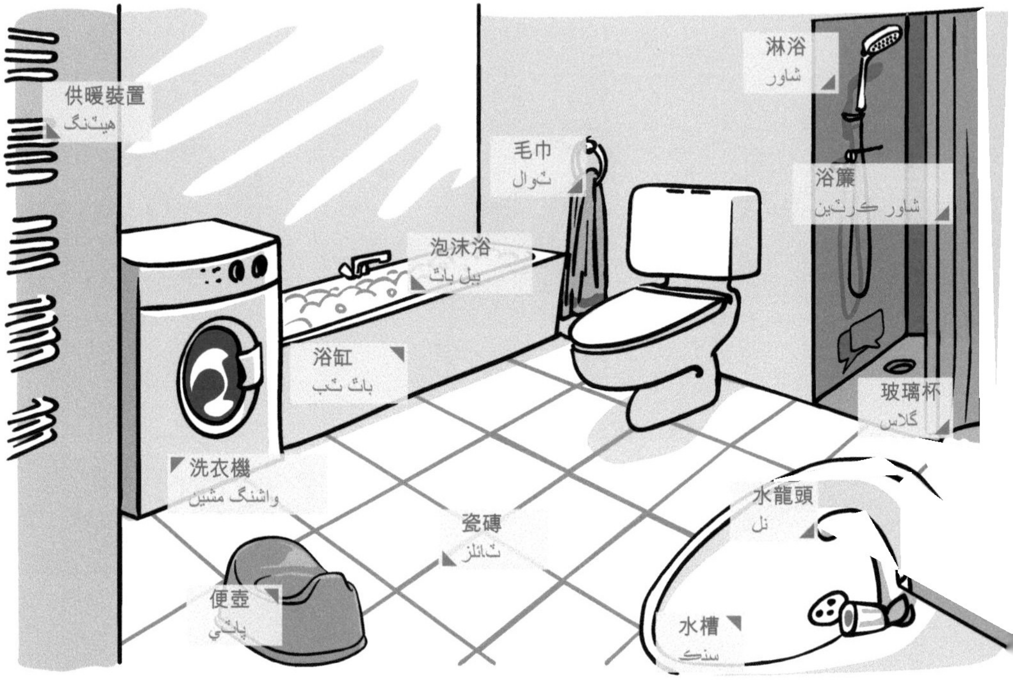
供暖裝置
هیټنگ
淋浴
شاور
毛巾
ټوال
浴簾
شاور کرټین
泡沫浴
ببل باټ
浴缸
باټ ټب
玻璃杯
گلاس
洗衣機
واشنگ مشین
水龍頭
نل
瓷磚
ټائلز
便壺
پاټي
水槽
سنک

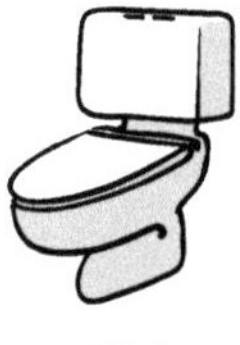

廁所

ټائلټ

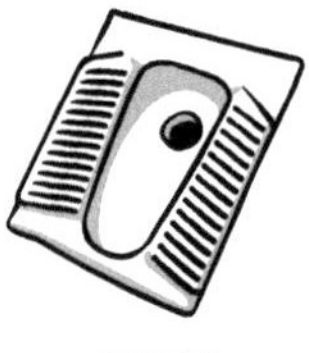

蹲便器

اوکڑو ویهڅ وارو ټوائلټ

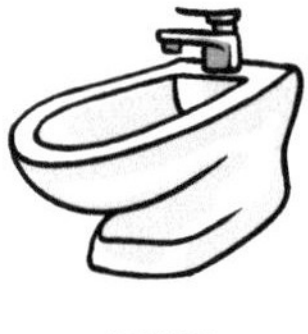

坐浴器

شرم گاه ڈوئڅ وارو ټب

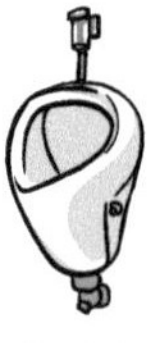

小便斗

پیشاب گاه

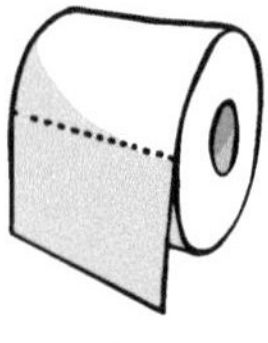

廁紙

ټائلټ پیپر

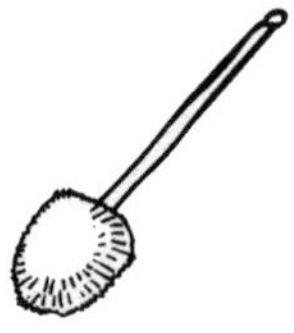

馬桶刷

ټائلټ برش

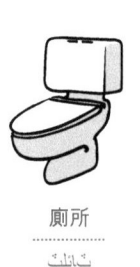

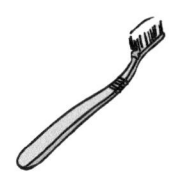

牙刷

ټوته برش

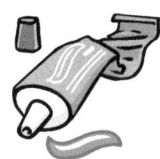

牙膏

ټوته پیسټ

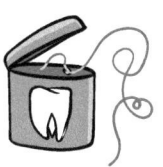

牙線

ډینټل فلاس

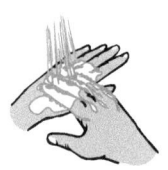

洗

ډوئش

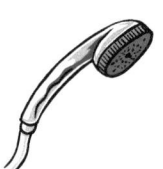

手持式蓮蓬頭

هینډ شاور

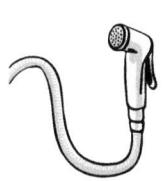

沖洗器

شاور

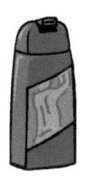

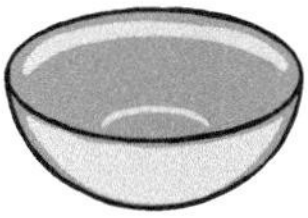

洗臉盆

بیک برش

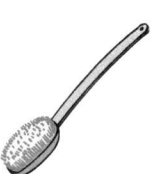

洗背刷

بیک برش

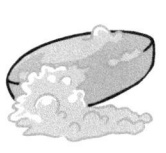

肥皂

صابن

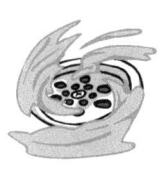

沐浴露

شاور جیل

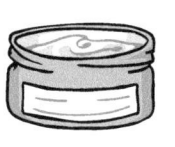

洗髮乳

شیمپو

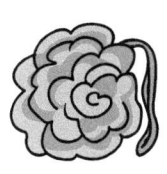

法蘭絨

فلالین

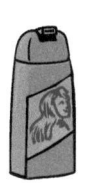

排水

ډرین

乳霜

کریم

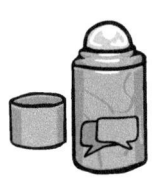

除臭劑

ډیوډورنټ

鏡子

آئينو

手鏡

هٿ ۾ پڪڙڻ وارو آئينو

刮鬍刀

ريزر

刮鬍泡沫

شيونگ فوم

鬍後水

آفٽر شيو

梳子

ڦڻي

刷子

برش

吹風機

هيئر ڊرائير

噴髮定型劑

هيئر اسپري

化妝品

ميڪ اپ

唇膏

سرخي

指甲油

نيل وارنش

化妝棉

ڪپه

指甲剪

نيل سيزر

香水

پرفيوم

洗漱包

واش بيگ

凳子

اسٽول

計重秤

وزن ڪرڻ واري مشين

浴袍

باٿ روب

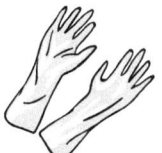

橡膠手套

ربڙ جا دستانا

衛生棉條

ٽيمپون

衛生棉

صفائي وارو ٽاول

化學廁所

ڪيميائي ٽوائلٽ

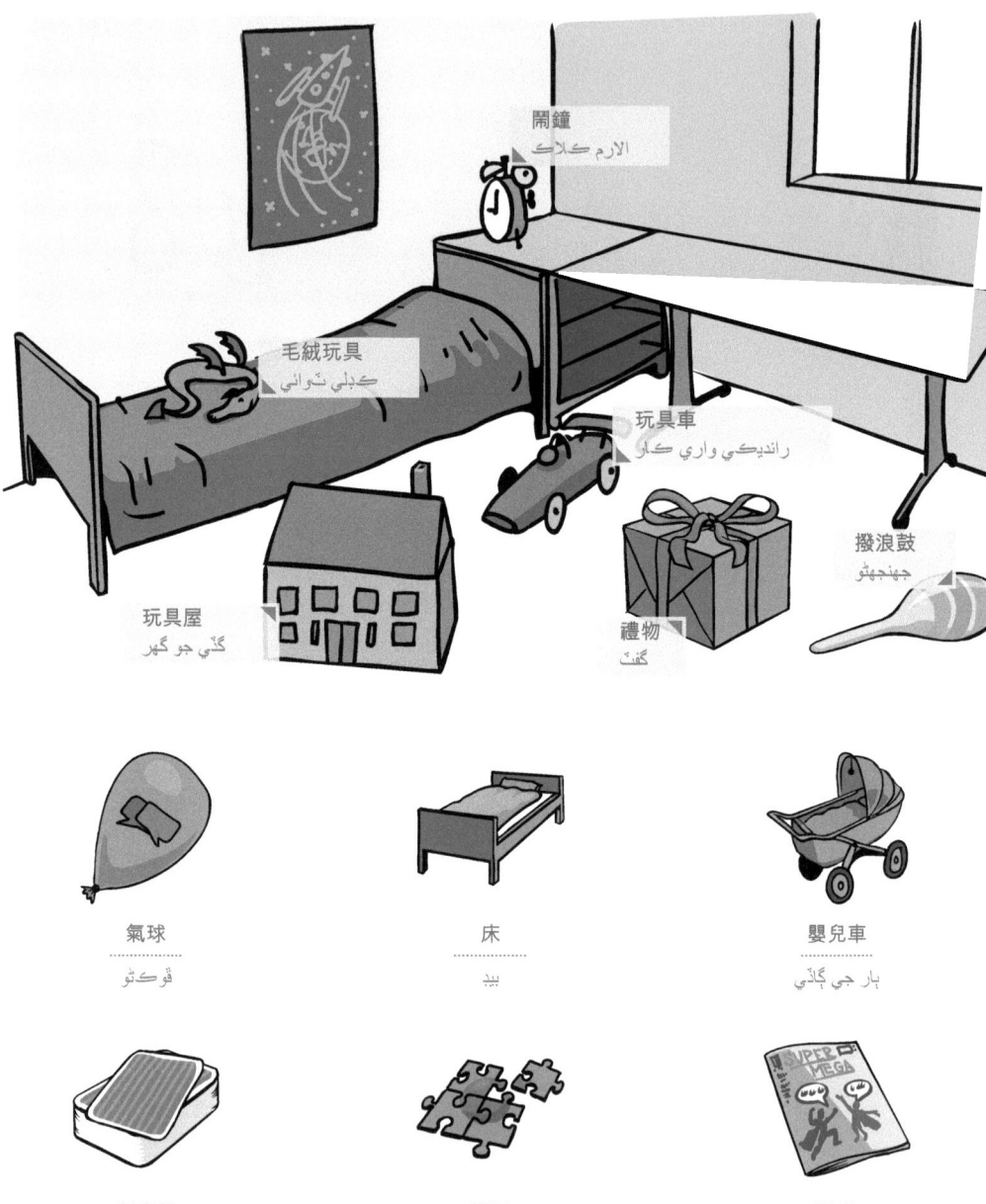

鬧鐘
الارم ڪلاڪ

毛絨玩具
ڪڏلي ٽوائي

玩具車
رانديڪي واري ڪار

玩具屋
ڱڻي جو گهر

禮物
گفٽ

撥浪鼓
جهنجهٽو

氣球
ڦوڪڻو

床
بيڊ

嬰兒車
ٻار جي ڳاڏي

撲克牌
ڊيڪ آف ڪارڊز

拼圖
جگسا

漫畫
ڪامڪ

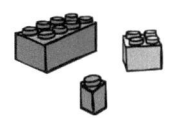

樂高積木

ليگوبرگس

積木玩具

رانديڪن وارا بلاڪس

公仔

ايڪشن فگر

嬰兒服

بيبي گرو

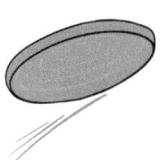

飛盤

فرسبي

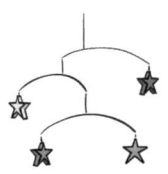

床鈴玩具

رانديڪي واري موبائل

棋盤遊戲

بورڊ گيم

骰子

چهڪو

火車模型

ماڊل ٽرين سيٽ

安撫奶嘴

ٻارن جي چوسڻ واري نپل

派對

پارٽي

繪本

تصوير واري ڪتاب

球

بال

洋娃娃

گڏي

玩

کيڏڻ

沙坑

سينڊ پٽ

鞦韆

جهولا

玩具

رانديڪا

電玩遊戲

وڊيو گيم ڪنسول

三輪車

ٽن ڦيٿن واري سائيڪل

泰迪熊

ٽيڊي بيئر

衣櫃

ڪپڙن جي الماري

لباس

襪子

جرابا

長襪

اسٽاڪنگز

緊身褲

ٽائٽس

圍巾
اسکارف

皮帶
بیلٹ

雨傘
چھتی

T恤
ٹی شرٹ

靴子
بوٹ

拖鞋
چپل

運動鞋
جاگر شوز

涼鞋
سینڈل

鞋
جوتا

雨靴
ربڑ جا بوٹ

內褲
اندرپینٹس

胸罩
بریزر

背心
واسکٹ

衣服 - لباس
45

身體

جسم

褲子

پتلون

牛仔褲

جينز پينٽ

短裙

اسڪرٽ

女式襯衫

چولو

襯衫

قميض

套頭衫

جرسي

連帽上衣

هوبي

西裝夾克

بليزر

夾克

جيڪٽ

外套

ڪوٽ

雨衣

بارش ۾ پائڻ وارو ڪوٽ

套裝

پوشاڪ

連衣裙

لباس

婚紗

شادي جولباس

西裝

سوٽ

睡袍

نائٽ گاؤن

睡衣

پاجامو

莎麗

ساڙي

頭巾

مٿي تي ٻڌڻ وارو اسڪارف

包頭巾

پڳڙي

波卡

برقعو

卡夫坦

ڪفتان

(阿拉伯式)長袍

عبايو

泳衣

تيراڪي جو لباس

男式泳褲

چڊي

短褲

نيڪر

運動服

ٽريڪ سوٽ

圍裙

اپرن

手套

دستانا

鈕扣

بٹن

眼鏡

چشمو

手鏈

بریسلیٹ

項鍊

هار

戒指

مندي

耳環

واليون

便帽

ٽوپي

衣架

ڪوٽ هينگر

帽子

ٽوپي

領帶

ٽائي

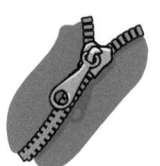

拉鍊

زپ

安全帽

هيلمٽ

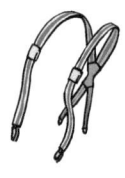

背帶

بريسز

校服

اسڪول يونيفارم

制服

وردي

圍兜

بارن لاء گلي ۾ ٻڌڻ وارو ڪپڙو

安撫奶嘴

بارن جي چوسڻ واري نپل

尿布

ڪچو

檔案櫃

فائلن جي الماري

伺服器

سرور

印表機

螢幕

مانيٽر

紙

辦公桌

滑鼠

ماؤس

鍵盤

ڪي بورڊ

椅子

ڪافي مگ

咖啡杯

ڪافي مگ

計算機

ڪيلڪيوليٽر

網際網路

انٽرنيٽ

筆記型電腦

ليپ ٹاپ

信件

خط

簡訊

پيغام

行動電話

موبائل

網路

نيٹ ورک

影印機

فوٹو کاپي کرٹ واري مشين

軟體

سافٹ ويئر

電話

ٹيلي فون

插座

پلگ ساکٹ

傳真機

فيکس مشين

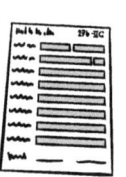

表格

فارم

檔案

دستاويز

買

خرید کرنا

付錢

ادا کرنا

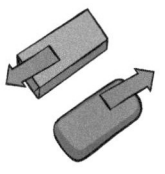

交易

صاف کرنا

現金

پیسا

美元

ڈالر

歐元

یورو

日元

ین

盧布

روبل

瑞士法郎

سوئس فرانک

人民幣

رینمنبی یوآن

盧比

روپیہ

提款處

کیش پوائنٹ

外幣兌換處

رقم تبديل ڪرائڻ جي آفيس

金

سون

銀

چاندي

石油

خام تيل

能源

توانائي

價格

قيمت

合約

معاهدو

稅金

ٽيڪس

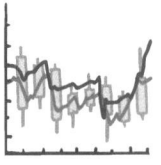

股票

ذخيرو

工作

ڪم ڪرڻ

職員

ملازم

老闆

آجر

工廠

فيڪٽري

商店

دڪان

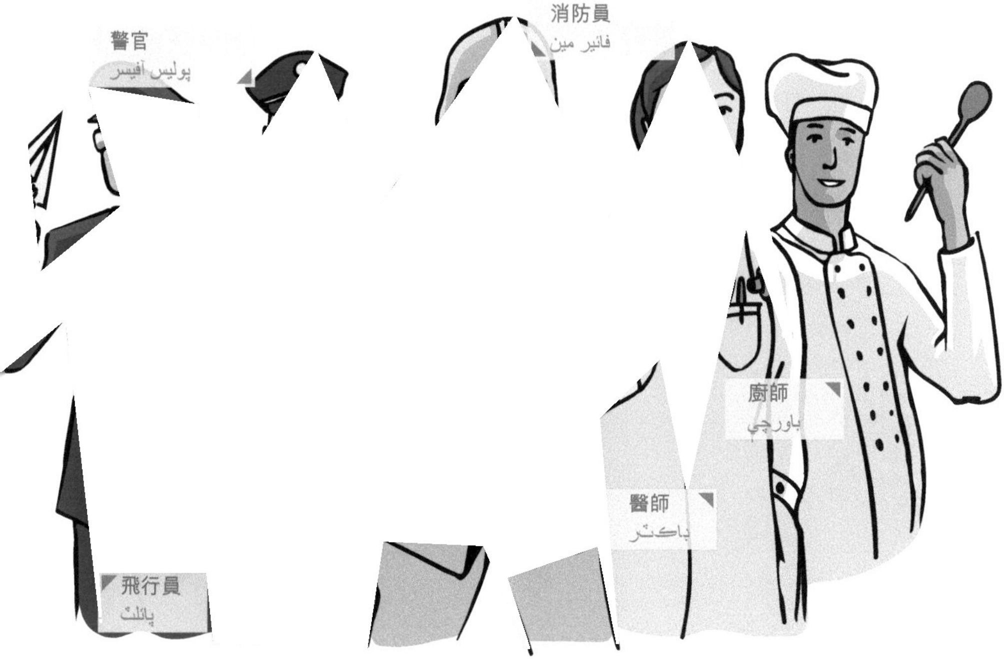

警官
پولیس آفیسر

消防員
فائر مین

廚師
باورچی

醫師
ڈاکٹر

▼飛行員
پائلٹ

園丁

مالي

木匠

وادو

裁縫

درزن

法官

جج

化學家

کیمیسٹ

演員

اداکار

公車司機

بس ډرائیور

計程車司機

ټیکسي ډرائیور

漁夫

مچي مارڼ وارو

清洗女工

صفائي کرڼ واري مائي

屋頂工

چهت ټاهڼ وارو

服務生

ویټر

獵人

شکاري

畫家

رنگ ساز

麵包師

نانوائي

電工

الیکټریشن

建築工人

بلډر

工程師

انجنیئر

屠夫

کاسائي

水管工

پلمبر

郵差

پوسټ مین

士兵

سپاهي

建築師

آرکيټيکټ

收銀員

خزانچي

花農

گل کپائڼ وارو

理髮師

نائي

售票員

کنډيکټر

機械技師

مکينک

船長

کپتان

牙醫

ډينټسټ

科學家

سائنسدان

拉比

يهودي عالم

伊瑪目

امام

和尚

راهب

牧師

پادري

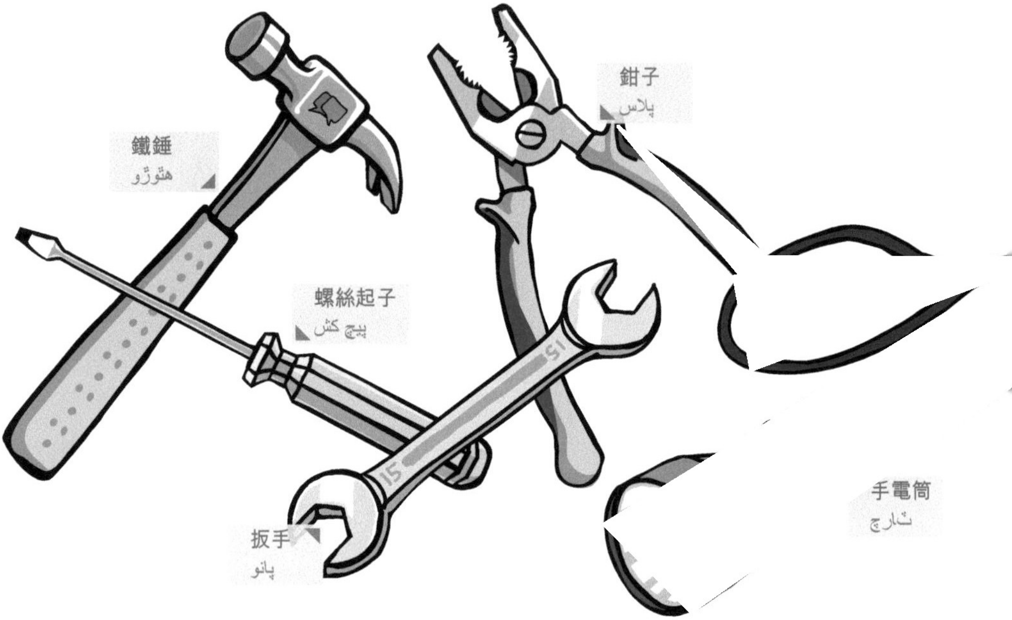

鐵錘
鉗子
پلاس
螺絲起子
扳手
پانو
手電筒

挖掘機

ايڪسڪويٽر

工具箱

ٽول باڪس

梯子

ڏاڪڻ

鋸子

آري

釘子

ڪوڪو

鑽機

ڊرل

修

مرمت ڪرڻ

鏟子

بيلچو

糟糕！

لعنت هجي!

畚箕

ڪچري دان

油漆桶

پينٽ وارو دبو

螺絲

پيچ

موسيقي جا اوزار

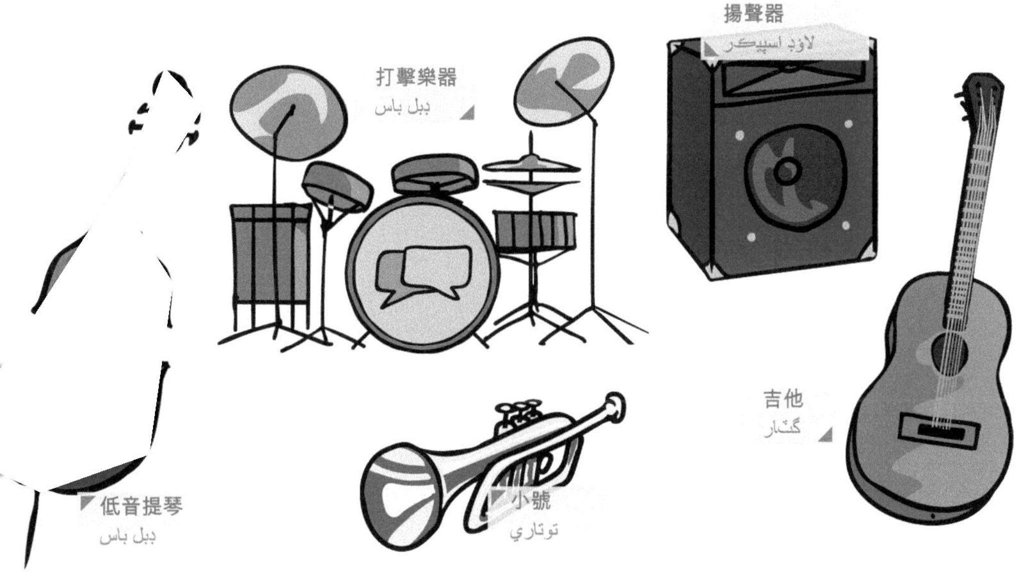

揚聲器
لاؤڊ اسپيڪر
打擊樂器
ببل باس
吉他
گٽار
低音提琴
ببل باس
小號
توتاري

鋼琴

پيانو

小提琴

وائلن

貝斯

گٽار

定音鼓

ٽمپاني

鼓

ڊرم

電子琴

ڪي بورڊ

薩克斯風

سيڪوفون

長笛

بانسري

麥克風

مائيڪروفون

ZOO

入口
داخل ٿيڻ جو رستو

老虎
چيتا

籠子
پڃرو

斑馬
زيبرا

動物飼料
جانورن جي خوراڪ

熊貓
پانڊو

動物

جانور

大象

هاٿي

袋鼠

ڪينگرو

犀牛

گينڊو

大猩猩

گوريلو

熊

رڇ

駱駝

اٺ

鴕鳥

شتر مرغ

獅子

شينهن

猴子

پولڙو

紅鶴

فليمنگو

鸚鵡

طوطو

北極熊

برفاني رڇ

企鵝

ڪبوتر

鯊魚

شارڪ

孔雀

مور

蛇

نانگ

鱷魚

واڳون

動物園管理員

چڙيا گهر جو محافظ

海豹

گوج مڇي

美洲豹

چيتو

矮種馬

ٽٽون

豹

چيتو

河馬

دريائي گهوڙو

長頸鹿

ڄراف

老鷹

باز

野豬

سوئر

魚

مڇي

龜

ڪمي

海象

سامونڊي گهوڙو

狐狸

لومڙي

羚羊

هرڻ

橄欖球
آمریکن فوټبال

騎腳踏車
سائکلنگ

網球
ٹينس

籃球
باسکٹ بال

游泳
تیراکي

拳擊
باکسنگ

冰球
أئس هاکي

美式足球
فوټبال

羽毛球
بیډمنٹن

田徑
ایتهلیټکس

手球
هینډ بال

滑雪
اسکیننگ

馬球
پولو

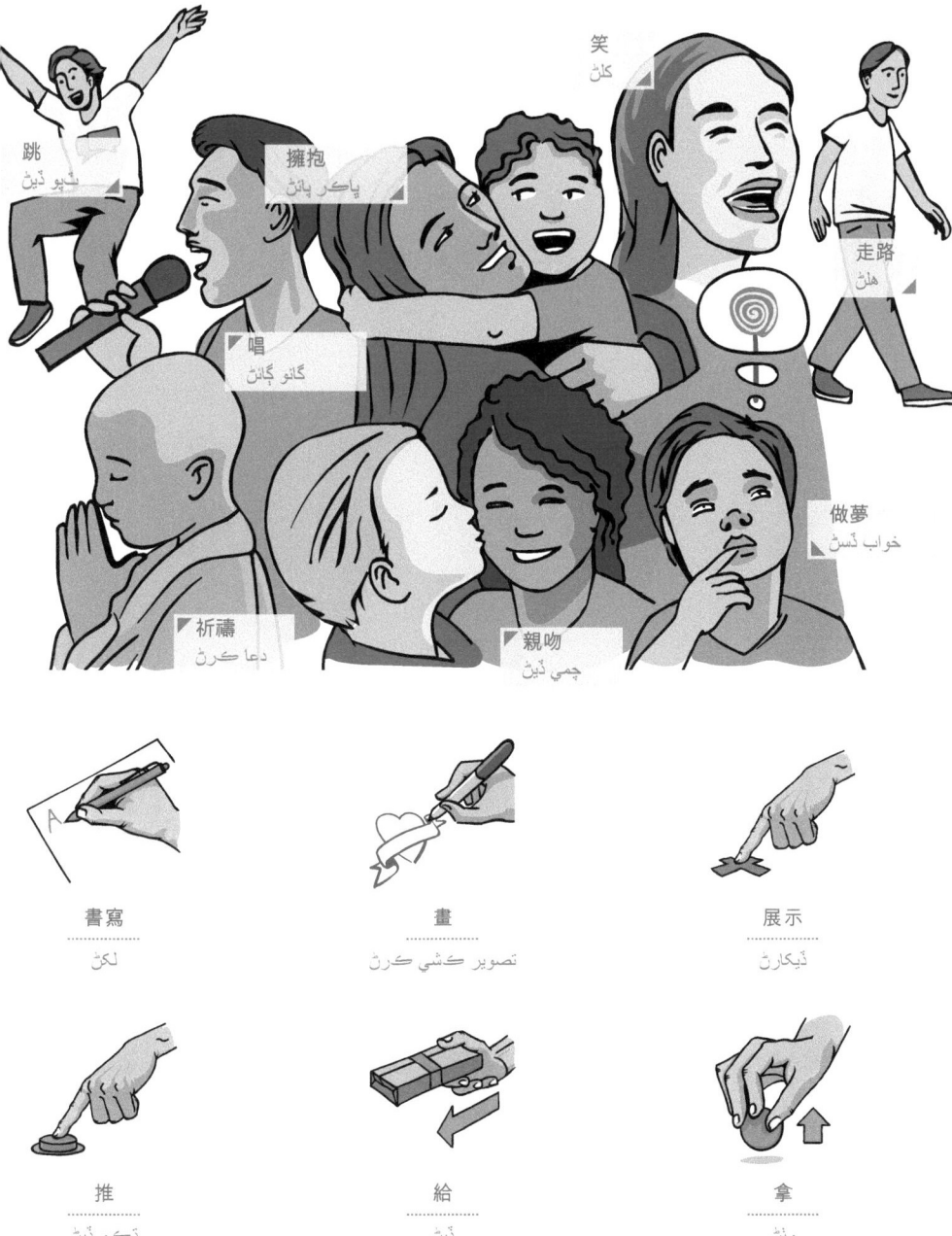

跳 ٹپو ڏيڻ

擁抱 ڀاڪر پائڻ

笑 کلڻ

走路 هلڻ

唱 ڳائو ڳائڻ

做夢 خواب ڏسڻ

祈禱 دعا ڪرڻ

親吻 چمي ڏيڻ

書寫 لکڻ

畫 تصوير ڪشي ڪرڻ

展示 ڏيکارڻ

推 ڌڪو ڏيڻ

給 ڏيڻ

拿 وٺڻ

活動 - سرگرميون 63

有

رکڻ

做

ڪرڻ

當

ٿيڻ

站

بيهڻ

跑

ڀڄڻ

拉

ڇڪڻ

丟

اڇلائڻ

摔倒

ڪرڻ

躺

ڪوڙ ڳالهائڻ

等待

اندظار ڪرڻ

攜帶

ڪڻي وڃڻ

坐

ويهڻ

穿衣

تيار ٿيڻ

睡覺

سمهڻ

醒來

جاڳڻ

看

ڏسڻ

哭

روئڻ

擊

ڏک هڻڻ

梳頭

ڪنگي ڪرڻ

交談

ڳالهائڻ

明白

سمجهڻ

問

پڇڻ

聽

ٻڌڻ

喝

پيئڻ

吃

کائڻ

清理

صاف ڪرڻ

愛

پيار ڪرڻ

做飯

پچائڻ

開車

گاڏي هلائڻ

飛

اڏرڻ

航行

بحري سفر ڪرڻ

計算

حساب ڪرڻ

讀

پڙهڻ

學習

سکڻ

工作

ڪم ڪرڻ

結婚

شادي ڪرڻ

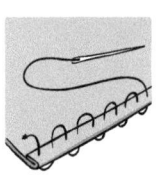

縫

سيڻ

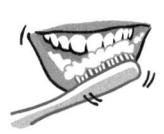

刷牙

ڏندن کي برش ڪرڻ

殺

قتل ڪرڻ

抽菸

سگريٽ پيئڻ

寄

موڪلڻ

祖母
ڏاڏي يا ناني
祖父
ڏاڏو يا نانو
父親
母親
嬰兒
女兒
兒子

客人

مهمان

阿姨

چاچي

叔叔

چاچو

兄弟

ڀاءُ

姐妹

ڀيڻ

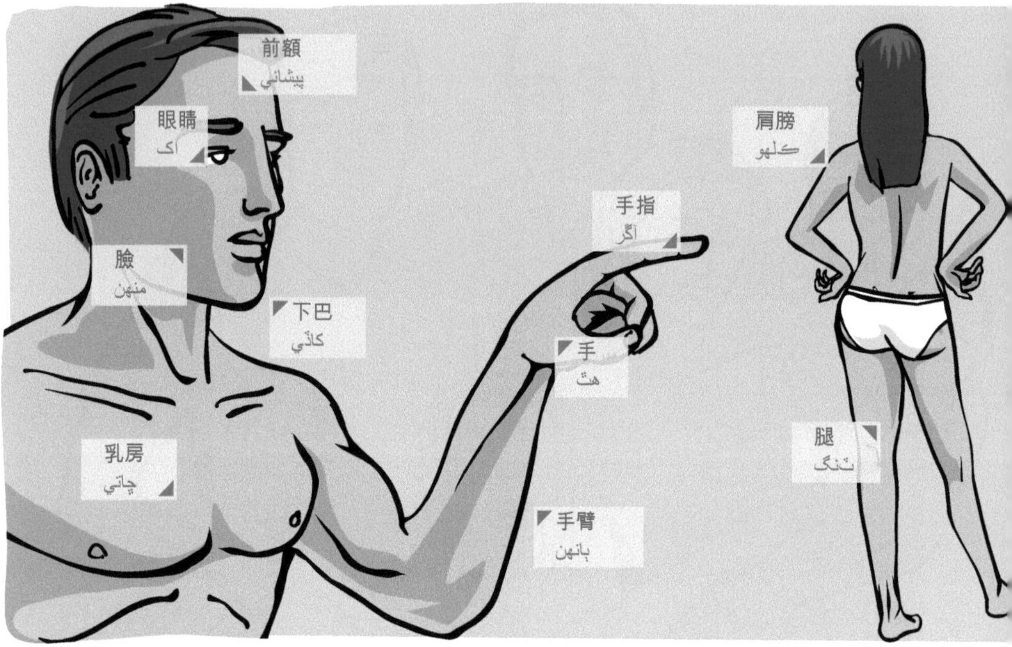

前額
پیشانی ▶

眼睛
اک ▶

臉
منهن ▶

▮下巴
ڏاڙهي

乳房
ڇاتي ▶

手指
آڱر ▶

▮手
هٿ

手臂
بانهن

肩膀
ڪلهو ◀

腿
ٽنگ ◀

嬰兒
ٻار

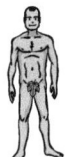

男人
ماڻهون

女人
عورت

女孩
ڇوڪري

男孩
ڇوڪرو

頭
مٿو

身體 - جسم

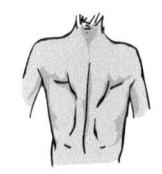

背部

پٺي

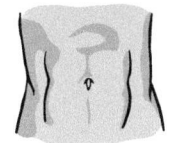

肚子

پيٽ

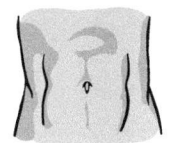

肚臍

ڌن

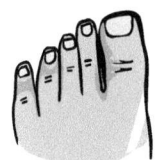

腳趾

پير جو آڱوٺو

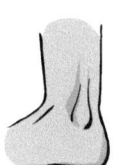

腳後跟

ڪڙي

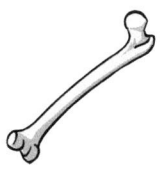

骨頭

هڏي

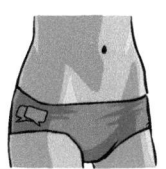

臀部

پيڊُ

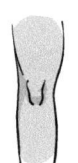

膝蓋

گوڏو

手肘

ٺونٺ

鼻子

نڪ

屁股

هيٺيون حصو

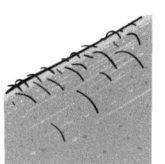

皮膚

کل

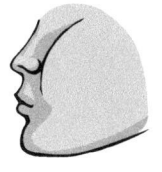

臉頰

ڳل

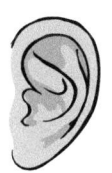

耳朵

ڪن

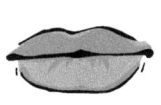

嘴唇

چپ

嘴

وات

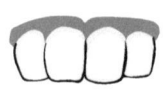

牙齒

ڏند

舌頭

زبان

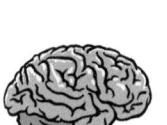

腦

دماغ

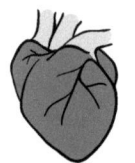

心臟

دل

肌肉

ڏورو

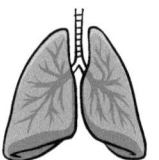

肺

ڦڦڙ

肝臟

جگر

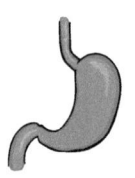

胃

معدو

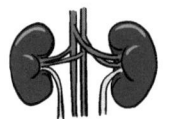

腎臟

گردا

性交

جماع ڪرڻ

保險套

ڪندوم

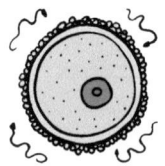

卵子

بيضہ

精子

مني

懷孕

حمل

70 身體 - جسم

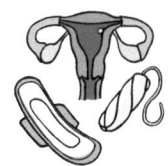

月事

حيض

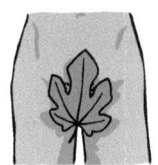

陰道

ٻچيداني جي نالي

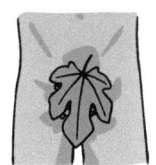

陰莖

مردانو مخصوص عضوو

眉毛

ڀرون

頭髮

وار

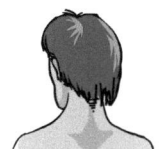

脖子

ڳچي

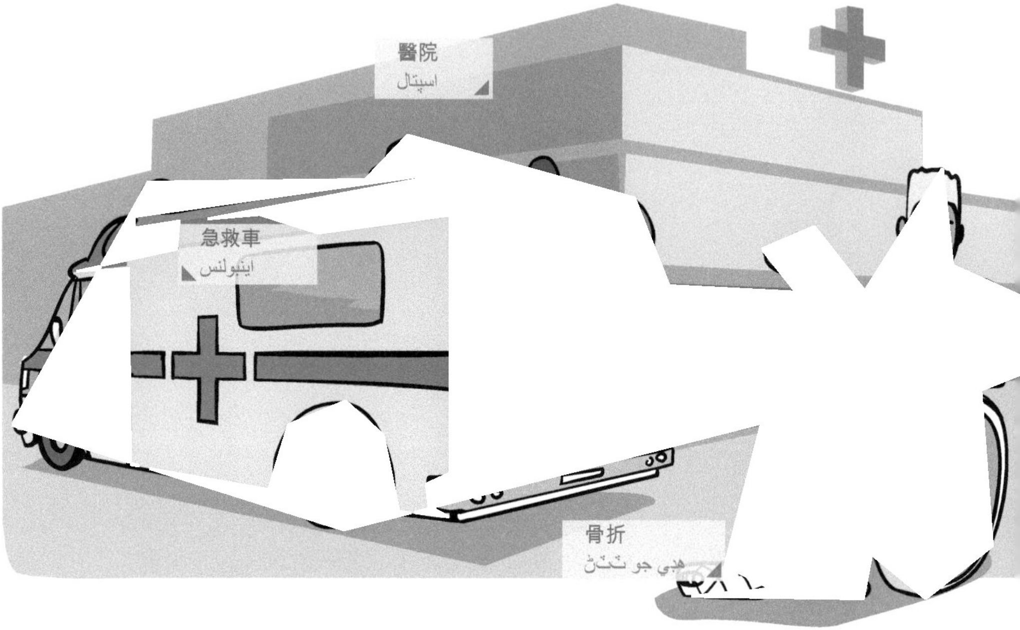

اسپتال

醫院
اسپتال
急救車
اينبولنس
骨折
هڏي جو ٽٽڻ

醫師

ڊاڪٽر

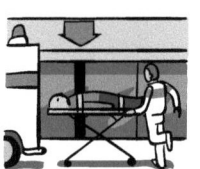

急診室

هنگامي ڪمرو

護理師

نرس

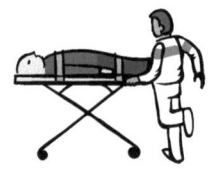

緊急情形

ايڪسري

昏迷

بيهوش

痛

سور

72 醫院 - اسپتال

受傷

زخم

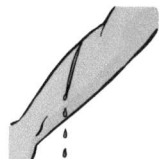

出血

رت وهڻ

心臟病發作

دل جو دورو

中風

فالج

過敏

الرجي

咳嗽

کنگهه

發燒

بخار

流感

زڪام

腹瀉

دست

頭痛

مٿي جو سور

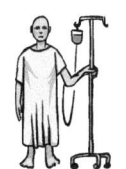

癌症

ڪينسر

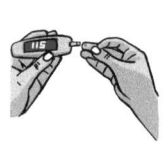

糖尿病

ذيابيطس

外科醫師

سرجن

手術刀

جراحي بليڊ

手術

آپريشن

電腦斷層掃描

سي ٽي

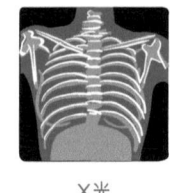

X光

ايڪسري

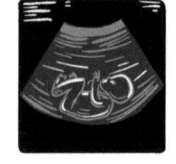

超音波

الٽراساؤنڊ

口罩

منهن جي ماسڪ

疾病

بيماري

候診室

انتظار ڪرڻ جو ڪمرو

拐杖

بيساکهي

石膏

پالاسٽر

繃帶

پٽي

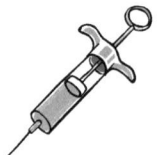

注射

انجيڪشن

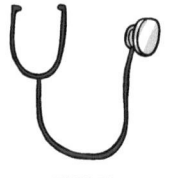

聽診器

اسٽيٿهوسڪوپ

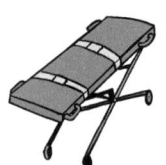

擔架

اسٽريچر

體溫計

ٿرماميٽر

出生

پيدائش

超重

موٽاپو

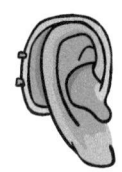

助聽器

ٻڌڻ واري ڊيوائس

消毒液

جراثيم ڪش

感染

انفيڪشن

病毒

وائرس

愛滋病

ايچ آئي وي / ايڊز

藥物

دوا

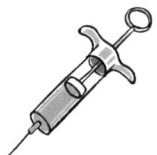

接種疫苗

ويڪسينيشن

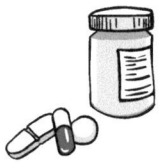

藥片

ٽڪي

藥丸

گوري

急救電話

هنگامي ڪال

血壓計

بلڊ پريشر مانيٽر

生病/健康

بيمار / صحت

救命！

مدد

警報

الارم

突擊

جسماني حملو ڪرڻ

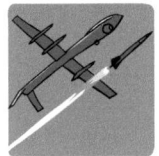

攻擊

حملو ڪرڻ

危險

خطره

緊急出口

هنگامي حالت ۾ نڪرڻ جو رستو

失火了！

باه

滅火器

باه وسائڻ جو اوزار

意外

حادثو

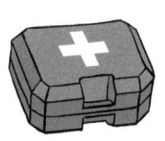

急救箱

ابتدائي طبي امداد

呼救訊號

ايس او ايس

員警

پوليس

歐洲

يورپ

北美洲

اتر آمريڪا

南美洲

ڏکڻ آمريڪا

非洲

آفريقا

亞洲

ايشيا

澳洲

آسٽريليا

大西洋

اٽلانٽڪ

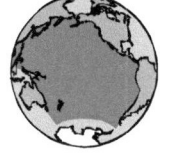

太平洋

پيسفڪ

印度洋

بحر هند

南冰洋

انٽارڪٽڪ سمنڊ

北冰洋

آرڪٽڪ سمنڊ

北極

اتر قطب

南極

ڈکن قطب

南極洲

انٹارکٹیکا

地球

زمین

陸地

زمین

海

سمند

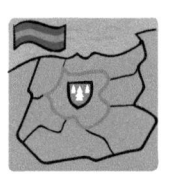

島

جزیرو

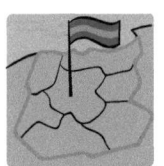

國家

قوم

州

رياست

錶盤
گهڙي جو سامهون حصو

時針
ڪلاڪ واري سوئي

分針
منٽ واري سوئي

秒針
سيڪنڊن واري سوئي

現在幾點？
ٽائم گهڻو ٿيو آهي؟

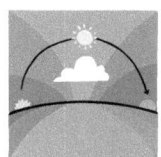

天
ڏينهن

時間
وقت

現在
هاڻي

電子錶
ڊجيٽل گهڙي

分
منٽ

時
ڪلاڪ

週一 سومر — MO
週三 اربع — W
週五 جمعو — FR
TU
TH
SA
SO
週二 اگارو
週六 چنڇر
週四 خميس
週日 آچر

昨天
كله

今天
اڄ

明天
سڀاڻي

早晨
صبح

中午
منجهند

晚上
شام

工作日
كاروباري ڏينهن

週末
هفتي جو آخر

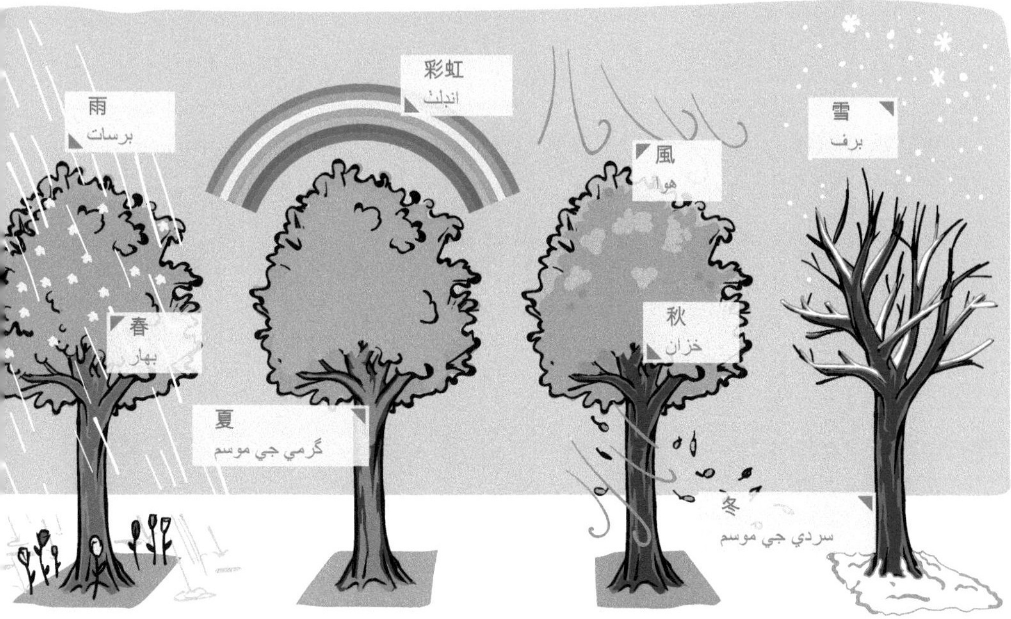

雨
برسات
彩虹
اندلٺ
風
هوا
雪
برف
春
بهار
夏
گرمي جي موسم
秋
خزان
冬
سردي جي موسم

天氣預告

موسم جي پيشنگوهي

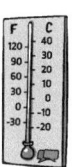

溫度計

ٿرماميٽر

陽光

اُس

雲

بادل

霧

ڌنڌ

潮濕

نمي

閃電

آسماني بجلي

打雷

ٽرماميٽر

風暴

طوفان

冰雹

ڳڙن جو مينهن

季風

مون سون

洪水

ٻوڏ

冰

برف

一月

جنوري

二月

فيبروري

三月

مارچ

四月

اپريل

五月

مئي

六月

جون

七月

جولائي

八月

آگسٽ

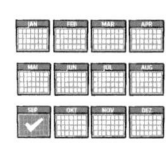

九月

سپټمبر

十月

اکټوبر

十一月

نومبر

十二月

ډسمبر

شکلون

圓形

دائرو

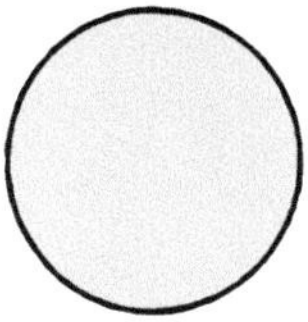

正方形

چکور

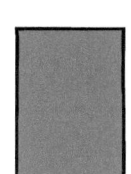

長方形

مستطیل

三角形

ټکندي

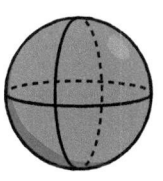

球體

کره

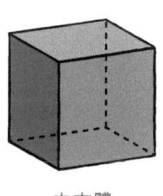

立方體

کعب

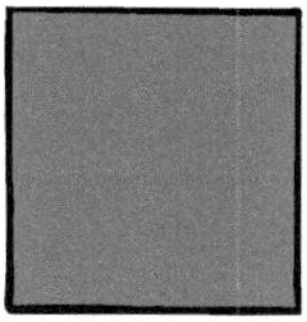

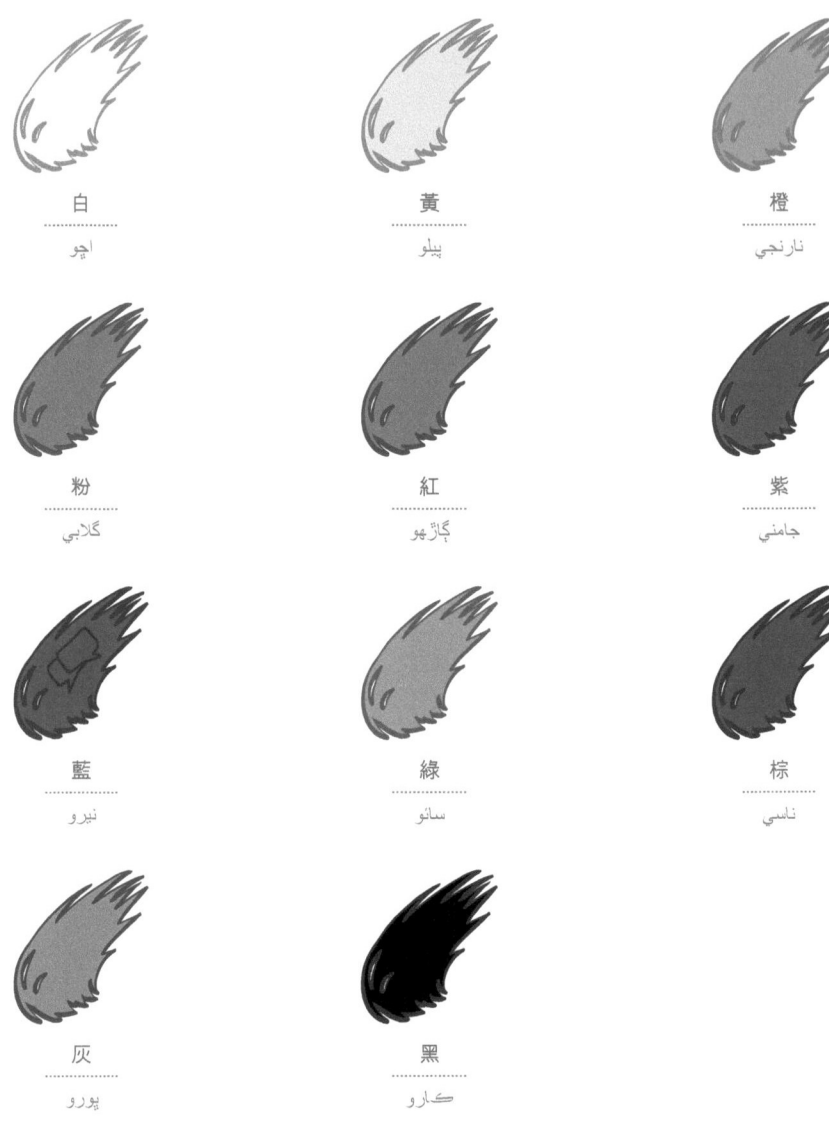

白
اڇو

黃
پيلو

橙
نارنجي

粉
گلابي

紅
ڳاڙهو

紫
جامني

藍
نيرو

綠
سائو

棕
ناسي

灰
ڀورو

黑
ڪارو

很多/少許

گھڻو / ٿورو

生氣/平靜

ناراض / پر سکون

美/醜

خوبصورت / بدصورت

首/尾

شروعات / ختم

大/小

وڏو / ننڍو

明/暗

روشني / اونده

兄弟/姐妹

ڀاءُ / ڀيڻ

乾淨/骯髒

صاف / خراب

完整/缺失

مڪمل / نا مڪمل

白天/晚上

ڏينهن / رات

死/生

مرده / زنده

寬/窄

ٻگهو / تنگ

可食用/非食用

کائڻ جي قابل هجڻ / کائڻ قابل نه هجڻ

邪惡/善良

برو / سٺو

興奮/無聊

پرجوش / بوريت جوشڪار

胖/瘦

موٽو / پتلو

第一/最後

پهريون / آخري

朋友/敵人

دوست / دشمن

滿/空

پريل / خالي

硬/軟

سخت / نرم

重/輕

ڳورو / هلڪو

餓/渴

بک / اڃ

生病/健康

بيمار / صحت

非法/合法

غيرقانون / قانوني

聰明/愚笨

عقلمند / بيوقوف

左/右

سڄو / ابتو

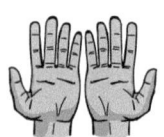

近/遠

ويجهي / پري

新/舊

نئون / استعمال ئیل

沒有/有些

کجه به نه / کجه

老/幼

پوڑهو / نوجوان

開/關

آن / آف

打開/闔上

کلیل / بند

安靜/吵鬧

خاموش / بلند آواز سان

富/窮

امیر / غریب

對/錯

صحیح / غلط

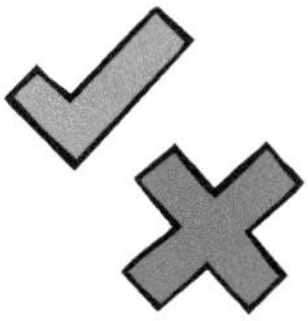

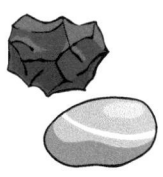

粗糙/光滑

کهورو / لسو

傷心/高興

غمگین / خوش

短/長

مختصر / ڊگهو

慢/快

آهسته / تیز

濕/乾

آلو / سکل

溫暖/涼爽

گرم / ٿڌو

戰爭/和平

جنگ / امن

0	1	2
零	一	二
زيرو	هک	يه
3	4	5
三	四	五
ٹي	چار	پنج
6	7	8
六	七	八
چه	ست	آٹ
9	10	11
九	十	十一
نوَ	ڈه	يارهن

12

十二

ٻارهن

13

十三

تيرهن

14

十四

چوڏهن

15

十五

پندرهن

16

十六

سورهن

17

十七

سترهن

18

十八

ارڙهن

19

十九

اوڻيه

20

二十

ويه

100

百

سو

1.000

千

هزار

1.000.000

百萬

ڏه لک

英語

انگريزي

美式英語

آمريڪي انگريزي

普通話

چيني مينڊارن

印地語

هندي

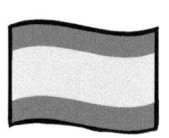

西班牙語

اندلسي ٻولي

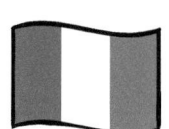

法語

فرانسيسي

阿拉伯語

عربي

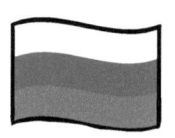

俄語

روسي

葡萄牙語

پرتگالي

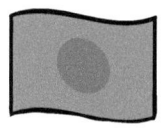

孟加拉語

بنگالي

德語

جرمن

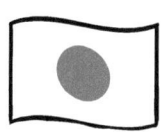

日語

جاپاني

ڪير / ڇا / ڪيئن

我

مان

你

تون

他/她/它

هي ڇوڪري/ هي ڇوڪرو / هو

我們

اسان

你們

تون

他們

هو

誰？

ڪير؟

什麼？

ڇا؟

如何？

ڪيئن

何處？

ڪٿي؟

何時？

ڪڏنهن؟

名字

نالو

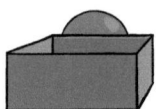

後面

پويان

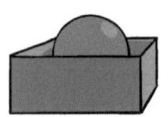

裡面

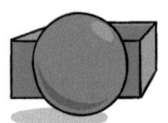

前面

جي سامهون

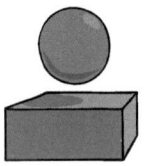

上方

مٿي

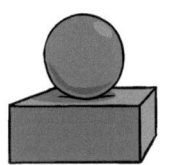

上面

تي

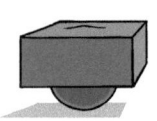

下麵

هيٺ

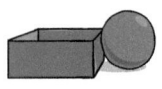

旁邊

گڏ

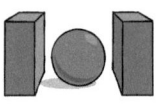

中間

وچ ۾

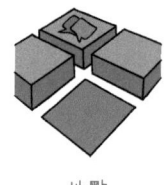

地點

جڳهه